दीपशिखा......भावनाओं का समंदर

विशाखा पांडेय

Copyright © Vishakha Pandey
All Rights Reserved.

मेरी पुस्तक, " दीपशिखा भावनाओं का समंदर" समर्पित है मेरे
आदरणीय माता-पिता, भाई-बहन, गुरुजन, मित्र, और उन सभी को जो
मेरा पग पग पर मार्गदर्शन करते आए हैं।

इस कविता संग्रह को पुस्तक का रूप देने में मेरे जीवनसाथी, मेरे पति
ने मेरा पूरा सहयोग दिय।

क्रम-सूची

भूमिका

जीवन में सुख दुःख दोनों का स्थान सदैव ही समान होता है। दुःख ना हो तो सुख का और सुख ना हो तो दुःख का महत्व समझना काफी मुश्किल हो सकता है, और इस सुख दुःख को बांटने के लिए कभी ना कभी आपको किसी दोस्त -मित्र, संगी-साथी की ज़रूरत होती है। मेरी भी एक संगिनी है, जिससे मैं अपनी सारी बातें बताया करती थी और वो कब मेरे जीवन का अभिन्न हिस्सा बन गयी मुझे पता ही नहीं चला,और वो संगिनी कोई और नहीं मेरी लेखनी है। मैं नहीं जानती कैसे लिखते हैं, लिखने की कला क्या होती है। कविता के तत्व, छंद, मूल, विधाएं इनमें से मैं कुछ भी नहीं जानती हूँ , पर लिखना मुझे अच्छा लगता है। मैं अपनी परेशानी,खुशी,ग़म,दुःख,सुख सब कुछ लिखकर अपनी कहानियों और कविताओं के संग बाँट लेती हूँ। यह पुस्तक मेरी कुछ कविताओं का संग्रह है, आशा है पाठकों को मेरा कार्य पसंद आएगा। अशुद्धियों और त्रुटियों के लिए खेद है।

1. **अनोखी सुबह**

निशा के फाटक पर
हुआ प्रभात दस्तक,
स्वागत किया प्रभात का
झुका निशा ने मस्तक।
प्रविष्ट हुआ ज्यों अन्दर प्रभात
छट गई सन्नाटों वाली रात
झींगुरों की झनझनाहट में
सो गई उल्लुओं की बारात।
खुल गया कलियों का पट
पुष्प नित्य भाँति मुस्काए
पाकर फूलों का मधुरस
भौंरें आनन्दमग्न हो इठलाए।
छट गई कालिमा छाया उजियारा
स्पष्ट अवलोकन हेतु बन गया नज़ारा।
विहंगों ने अपने गीतों से
हर ओर मिश्री रस घोला,
चुपके से आकर प्रभात ने
सु-प्रभात बोला।

2. **तू स्वयं पर विश्वास रख**

ये आवरण तू मोह का
ना बांध अपनी देह से,
कर्तव्य तेरा कर्म है
तू कर बिना संदेह के।
हार जीत को रख परे
तू सत्य का विचार कर,
स्थिर मन को कर सके
तू अधर्म का विनाश कर।
धर्म अपने साथ रख
तू स्वयं पर विश्वास रख।
राह पथरीली है बेशक
तू चल निकल डर नहीं,
आत्मविश्वास न डिग सके
कर मन को दृढ़ सम्भल वहीं।
पहुंच तू आसमान तक
पर्वतों को लाँघ कर,
चीर वक्ष हार का
विजय का तू विचार कर।
रक्तरंजित एड़ियों के
दर्द का एहसास रख
तू स्वयं पर विश्वास रख।
तू ब्रह्मा तेरे कर्म का

व्यर्थ विचार क्यों हस्तरेखाओं का?
तेरा भूत तू भविष्य तू
तू वर्तमान का आधार बन,
सुन ध्वनि अंतर्मन की अपने
तू सर्वशक्तिमान बन।
प्राप्त जब दो भुजाएं प्रबल
श्रम का तू स्वाद चख।
औरों से न कुछ आस रख
तू स्वयं पर विश्वास रख।

3. **मां**

स्वप्न लोक की परियों सा
तेरा अद्वितीय स्वरूप,
मंत्रमुग्ध हो सृष्टि सारी
ऐसा अद्भुत रूप।
बुद्धि विवेक से परिपूर्ण
तू देवी स्वरूपा,
तू जगजननी, तू कामाक्षी
तू शिवा, तूही चामुंडा।
तू कोमल कमल सी
हृदय सहनशील,
विश्व की सृजनकर्ता
तथापि कर्मशील।
उपस्थित प्रत्येक प्राणी में
भिन्न-भिन्न गुण दोष,
तेरा रोम रोम दोषरहित
मुखमण्डल पर संतोष।
है असंभव ईश्वर का
होना सर्वत्र उपस्थित,
गहन विचार विमर्श से
तब मां को किया निर्मित।

4. **अपनों से डर**

मत छोड़ मुझे उन हाथों में
जो कहते हैं वो अपने हैं,
वो स्पर्श नहीं है अपनों सा
बस कहते हैं वो अपने हैं।
इर्द गिर्द पाकर उनको
डर की अनुभूति होती है,
टकटकी लगाए देख रही
वो आँखें भी अब चुभती है।
बेंच चुके वो शर्म- हया
बस कहते हैं वो अपने हैं।
वो स्पर्श नहीं है अपनों सा
बस कहते हैं वो अपने हैं।
ना पुरष्कार, ना जीत कोई
बेवज़ह पीठ थपथपाते हैं,
दे घाव आत्मा पर गहरे
फिर हाथ पांव सहलाते हैं।
भूल चुके वो रिश्ते नाते
बस कहते हैं वो अपने हैं।
वो स्पर्श नहीं है अपनों सा
बस कहते हैं वो अपने हैं।
संकोच ना हो हिम्मत दो
लड़ पाऊं घर के दानव से,
ना छू पाए कोई हाथ मुझे
ना देखे भर आंखें वासना से।

ज्ञात नहीं उम्र की सीमा उनको
बस कहते हैं वो अपने हैं।
वो स्पर्श नहीं है अपनों सा
बस कहते हैं वो अपने हैं।

5. ✳✳वक्त✳✳

मैं वक़्त हूँ
तू मेरे साथ गर
तो मैं तुम्हारे साथ हूँ....
मैं वक़्त हूँ।
मुस्कुराहटों के साथ हूँ या दर्द का सैलाब मैं
जिस कदर निभा सको
मैं उस तरह की बात हूँ,
तू जो थाम ले मुझे
तो मैं तुम्हारे साथ हूँ
मैं वक़्त हूँ।
आने वाला पल तेरा
या जो खो गया अतीत में
सब मेरा ही अंश
हार में और जीत में
जो संग मेरे न चल सका
बढ़ गया उसे छोड़ मैं।
हाथ अपने ही मजबूर हूँ।
मैं वक़्त हूँ। मैं वक़्त हूँ।
तेरी हंसी की भी मैं वजह
तेरे आँसू भी मुझसे ही हैं
पर ये जान ले तू
एक बार जो मैं गया
फिर लौट के न आऊंगा,
अफसोस पछतावा बस बचेगा

मैं कुछ न कर पाऊंगा,
बस इतनी सी बात मैं
कह के बीत जाऊंगा,
थाम लो और जीत लो
तेरे सर पर आसमान हूँ
तेरे सुख में हूँ, तेरे दुख में हूँ
मैं सबके लिए समान हूँ,
मैं वक़्त हूँ। मैं वक़्त हूँ।

6. **अंतहीन सुख**

अद्वितीय अस्तित्व है मेरा
यह ज्ञात मन को तब हुआ,
एक नन्हें बीज से
अंकुरित नवोद्भिद जब हुआ।
विचलित हृदय संघर्षरत
आनंद या अवसाद है,
सौभाग्य या संयोग्य
अंतः में चल रहा विवाद था।
विचार नव माह का
था उथल पुथल मचा रहा,
विवेकहीन मस्तिष्क में
मानो आया कोई भूचाल था।
अनियंत्रित भावनाएं थी
कर रही सब असंतुलित,
बेसब्र होता हृदय कभी
होता कभी अत्यंत हर्षित।
श्रवणातीत ध्वनि तरंगों
से उभरती वो आकृति
धड़कनों की ध्वनि से
होता था तन मन आनंदित।
असंख्य सुख को भोग कर
सन्तोषहीन था हृदय,
वेदना अनंत थी, फिर भी
प्रसन्नचित था हृदय।

बन रही थी बार बार
मन मे मोहिनी छवि,
बनती रचना निश्चय ही अद्भुत
होती गर मैं कोई कवि।
अविस्मरणीय स्पर्श से
पूर्ण हुआ श्रृंगार मेरा,
पुनर्जन्म की अनुभूति ने
पूर्ण किया परिवार मेरा।

7. ✳✳माहवारी✳✳

नन्ही परी से किशोरी बनने तक का सफर,
कुतूहल में पड़ी अगणित बदलाव देख कर।
कह रही थी माँ भी किसी से कुछ न कहना,
असहनीय पीड़ा तू मूक बन सहना।
प्रश्न मन में असंख्य थे फ़न फैलाए,
अज्ञानता में डूबी वो किशोरी हाय!
कुप्रथा पनप रही, पसर रही
परंपरा के नाम पर,
अमान्य क्रियाकलाप होते
रीति रिवाजों के नाम पर।
शुद्ध अशुद्ध का भेद करता
जिसे अपवित्र तू मान रहा
उसके बिन कैसे जन्मेगा
मानव क्या तू जान रहा?
बाँझ कह दुत्कारी जाती
हो इससे विहीन,
महत्वपूर्ण नारी जीवन मे
माहवारी के पाँच दिन।
काश कि वेदों में पुराणों में
रामायण महाभारत में,
होती व्याख्या माहवारी की,
तो ना बनती कुरीतियां ऐसी
होती गरिमा माहवारी की।

8. **मजदूर**

धूप में तपता मजदूर
ढो रहा ईंट पत्थर,
पौ फटते निकल गया
छोड़ गृहस्ती को घर।
सींचता है स्वेद से
महलों की चारदीवारी,
उठ गई इमारतें
कदर नहीं भले हुई।
मान आसमान को छत
बैठ ठूँठ के तले
टटोलता है पोटली,
भूख संभलती नहीं
शोर सुन बेकल उदर का
खोलता है पोटली।
शाम को थका हारा
लौटता हैं, हाथ में
आंटे की गठरी और एक कलम,
हो विहीन जिससे बना वो
चाह हो न एक और मजदूर का जनम।

9. **संतोष**

चित्त चंचल, चंचल चित्त में
दुस्साध्य धीरज धर पाना,
भोग विलास में लिप्त हृदय को
दुष्कर संतोष का पाठ पढ़ाना।
लोभ लाभ को कर विमुख
जब साधक बने अनुशासन,
होगी स्वयं पर विजय प्राप्त
संतोष का मात्र यही साधन।
प्रसन्नचित रख मन को चाहे
परिस्थितियां हों दुष्कर समक्ष,
मिथ्यावादी ना बन अहंकारी
रह अडिग तू सत्य धर्म के पक्ष।
त्याग दे मिथ्या आडम्बर
ले जीवन का वास्तविक आंनद।
होगी स्वयं पर विजय प्राप्त
संतोष का मात्र यही साधन।
कर तृष्णा का शमन तू
रख सयम इच्छाओं पर,
धैर्य को बना निज सारथी
तू चल उन्नति के मार्ग पर।
कर लोभ मुक्त स्वयं को
त्याग भोग विलासित जीवन।
होगी स्वयं पर विजय प्राप्त
संतोष का मात्र यही साधन।

10. **समय बड़ा बलवान**

जग में असीम केवल समय

शाश्वत यही नश्वर यही,

गतिरुद्ध करना है असंभव

अवनी यही ईश्वर यही।

है ईश्वर का सर्वोत्तम वरदान।

समय बड़ा बलवान। समय बड़ा बलवान।

निहित इस में ही ब्रह्मा की लेखनी

चाहे हो राजा, रंक, पुजारी,

मूल्य लगाना है असाध्य जिसका

क्या फ़क़ीर, क्या जुआरी।

दानव से मानव बनाए दे अनुशासन का ज्ञान

समय बड़ा बलवान। समय बड़ा बलवान।

कायर की लेता परीक्षा बन श्रमिक का सारथी,

समय संग जो सध गया विश्व में वह महारथी।

है पथरीली राह, अड़चनें हजार

ताकि बन सके मनुज सशक्त और महान।

समय बड़ा बलवान। समय बड़ा बलवान।

समय सूर्य सा, समय चन्द्र सा

सदा विरोधी पक्षपात का,

हो जाता संविलीन उसमें

जो करता आदर समय का।

होकर भी अजेय विश्व में

देता सबको अवसर समान।

समय बड़ा बलवान। समय बड़ा बलवान।

11. **ख़त**

ख़त मिला महबूब का
और एक ख़त था पूत का,
लौटने की बात थी
अंत कर वो युद्ध का।
पढ़ रहे थे ख़त नयन
बहाते थे अश्रुधार,
ले सिसकियां असंख्य दोनों
ख़त को चूमते थे बार बार।
मां जुटी बनाने में
अचार उसकी पसंद के,
पत्नी पर्दे, तकिये सजा रही
पिया के मनभावन रंग के।
ज्यों तिथि आ रही थी निकट
वक़्त काटना हो रहा था विकट।
माँ कर रही थी दुआएं
पत्नी सोलह श्रृंगार,
मातृस्नेह भाव विभोर था
पत्नी होती उल्लसित बार बार।
आ गई घड़ी निकट
बजाती खुशियों की शहनाइयां,
स्वगत को तैयार सारे
बनते थे पकवान और मिठाइयां।
आनन्दमय हुआ हृदय
शोर हुआ जब चौपाल पर

सजा थाल आरती का
माँ आ खड़ी थी द्वार पर
झोंक आया एक हवा का
आरती का दिया बुझ गया।
देख लिपटा तिरंगे में उसको
था कलेजा बिन्ध गया।

12. **संघर्ष मां बनने का**

तुम अर्धांगिनी मेरी मैं जीवन संगी तुम्हारा
आसान नहीं होगा तेरा अकेले दर्द सहना,
दर्द कैसे सहे तुमने
समझा सको किसी रोज तो कहना।

मिचली सी होती थी हर सुबह
मिजाज़ बदले से रहते थे,
अजीब मनःस्थितियों से गुजरकर
भी तुम चुप चाप रहते थे।
उन बेहिसाब एहसासों को
साझा कर सको किसी रोज तो कहना।
दर्द कैसे सहे तुमने
समझा सको किसी रोज तो कहना।

परहेज खाने में होते थे हजार तुम्हारे
पसंद नापसंद को बदला तुमने,
शौक खाने पहनने के
बिन शिकायत ही बदला तुमने।
मेरी किसी आदत को
बदलना चाहो किसी रोज तो कहना।
दर्द कैसे सहे तुमने
समझा सको किसी रोज तो कहना।

संभाल कर चलना, उठना, बैठना

सुबह उठने से लेकर रात सोने तक,
कैसे ले लेती हो सोने में तुम
करवट भी संभाल कर।
हैं प्रश्न अनगिनत मन में
दे सको जवाब किसी रोज तो कहना।
दर्द कैसे सहे तुमने
समझा सको किसी रोज तो कहना।

तुम मां बनी तो मैं भी पिता बना
पर किए कितने ही बदलाव तुमने,
मैं तो जस का तस रहा
बदले मिजाज़ हाव भाव तुमने।
मां होने का एहसास मुझमें
जगा सको किसी रोज तो कहना।
दर्द कैसे सहे तुमने
समझा सको किसी रोज तो कहना।

13. **निर्भर से निर्भया**

है नहीं राह आसान यहां
पग पग पर होंगी बाधाएं,
डर का तू त्याग कर बढ़ आगे
स्वनिर्मित कर अवसर नए।
तू है जगजननी तो भय कैसा
स्वयं का महत्व समझना होगा,
निर्भर से तू बन सके निर्भया
अबला का अर्थ बदलना होगा।
परहित हेतु जी लिया बहुत
अब त्यागशील होना है व्यर्थ,
सह लिया बहुत रो लिया बहुत
अब सहनशील होना है व्यर्थ।
प्रतिबिम्बित हो स्त्री रूप वास्तविक
स्वावलंबी तुम्हे बनना होगा।
निर्भर से तू बन सके निर्भया
अबला का अर्थ बदलना होगा।
है नहीं तू निर्बल द्रौपदी
ले याज्ञसेनी का रौद्र रूप,
अब नहीं तू निराश्रित सीता
क्यों दे अग्निपरीक्षा रह चुप?
तू दुर्गा बन, तू बन काली,
तू कर तांडव नृत्य यहां,
है अवगत जन जन धरती पर
गंगा सा निर्मल हृदय तेरा।

कर सके मलिन न मानव कोई
पर्वत हिम सा बनना होगा।
निर्भर से तू बन सके निर्भया
अबला का अर्थ बदलना होगा।

14. **एक दुल्हन**

बाबुल का आँगन त्याग
ग़ैरों से प्रीत लगाई,
बनी दूजे घर की लक्ष्मी
निज घर से हुई पराई।
छोड़ छाड़ सब सखी सहेली
बनने तुम्हारी संगिनी,
प्रवेश अनुमति वामांगी की
लेकर बनने अर्धांगिनी।
बन कर्तव्य परायण
रखूं मैं मान पति का,
पर अपेक्षा बन शिव
रखना मान सती सा।
मांग नहीं अधिकार सर्वस्व
तुम मुझे दे डालो,
पर मेरे अधिकारों को
तुम निज हाथों न बांटो।
कटाक्ष मुझपर, मेरे पीहर का
उपहास होगा असह्य,
अवगुणों का प्रदर्शन मेरे
गुणों की अवहेलना होगी असह्य।
कन्यादान किया पिता ने
बन भार्या मैं आई,
देना समानता का अधिकार
बिन समझे मुझे पराई।

15. **जंग कोविड के संग**

धीरज रख ऐ अर्यपुत्र
तेरा होना विजय है
तेरा होना ही अजय है
सिंह की भांति ना गरज अभी
मोती सा निर्मल निश्चल बन,
हुंकार नहीं इस युद्ध में तू
दीवार बना हर ओर अभी।
तू जाग देख
समझा सबको,
तू बच और अभी बचा सबको।
जीवन रहा मिलेंगे सबसे
मौत को धूल चटा अभी।
हे आर्यपुत्र!
तू धीरज रख।
है आई अमंगल की बेला
छाया मातम सा अंधकार,
वायु में घुलता गरल
करता सृष्टि का सर्वनाश।
अदृश्य शत्रु के संग युद्ध छिड़ा
ना गले लगा, ना हाथ मिला,
संकल्प कर तू सतर्क रहने का
विजय की तू मशाल जला।
ना कायर है ना दुर्बल तू।
हे आर्यपुत्र!

विशाखा पांडेय

तू धीरज रख।

16. **भूख**

लोगों को खाता देख,

वो निवाला समझ

निगल जाता है

मुँह में आया पानी,

जानते हुए भी खाली पड़ी पॉकेट

का टटोलना है भूख।

जब पेट की अतंड़ियाँ मानो

निकल बाहर आएंगी

पीठ का पेट हो जाना है भूख।

तरसती आंखें बापू के इंतज़ार में,

थालियाँ महकेगी रोटियां जब शाम में,

हाथ खाली पेट खाली

पेट भर पानी गटक सो जाना है भूख।

छोड़ बस्ता ले ली बोरी,

चुन रहा है, भर रहा है

कूड़े करकट से वो झोली।

लोग नाक सिकोड़ते हैं

पर जो कर रहा - करा रहा

है वो भूख।

नेताओं के - मंत्रियों के आंगन सजे हैं,

शादियों में भर भर पके हैं

आलू दम पुलाव मिठाइयों से थाल भरे पड़े हैं,

कुछ खा लिया

कुछ गिर पड़ा था

कुछ कूड़े दान में सड़ रहा था,
याद आई न किसी को
देश की भूखी है जनता,
लावारिश से घूमते हैं
कूड़े करकर सी दशा में
कोई उनसे पूछ तो ले
सच मे क्या होती है भूख।
मैग्गी पिज़्ज़ा न जाने क्या क्या पकता है
पर देश का एक कोना तो खाने को ही तरसता है,
दो रोटी दो हफ़्ते में एक बार ही पकती है
बाकी तो घर मुट्ठी भर चावल में एक तसली मांड पे चलती है।
पर हमारा दोष नहीं
न दोष है इनका
ये तो वो लोग हैं
जिन्हें बेरोजगारी और महंगाई से फर्क नहीं पड़ता।
एक कदम तो उठाए कोई
चाहे आप या हम,
एक राह तो सुझाए कोई चाहे आप या हम।
बना देने से नियम
प्राथमिक शिक्षा आवश्यक और मुफ्त
दे देने से मध्याह्न भोजन कौन होगा तंदरुस्त?
भूख की आग नहीं जानती चोरी क्या ईमानदारी क्या
वो तो पहचानती है निवाला चाहे वो मेरा या आपका ।
दर दर भटक भीख मांगती है आने वाली पीढ़ी
जुए नर्शे में डूबी पड़ी है देश के सफलता की सीढ़ी।
किसको फ़िकर है गर्त में जा रहा है राष्ट्र अपना,
चूर होने को है कलाम, रमन, माहेश्वरी का सपना
सुधर जाएगी देश की गिरती पड़ती व्यवस्था

जब सबके लिए सचमुच होगी रोटी कपड़ा मकान और शिक्षा की उचित व्यवस्था।

17. **वृक्ष कहता है**

मैं मौन भले चुप चाप खड़ा हूँ,
अपने स्थान पर जैसे भी अड़ा हूँ।
क्या तुझको पीड़ा है मानव,
क्यों बन बैठा तू एक दानव।
सोच रहा था
काश की तुझको
मेरी भाषा समझ में आती,
तू अपना दायित्व निभाता
धरती ऐसे कभी न रोती।
पर अफ़सोस
जिसे नाम मात्र भी ग्लानि नहीं,
जो है विनाश का भागी
किन्तु स्वयं का मानता दोष नहीं,
क्या उससे अब वाद विवाद
जिसे अपने जीवन से प्रेम नहीं।
काश मैं भी लड़ पाता
अपने अधिकारों को बचा पाता,
तो काट न पाती कोई कुल्हाड़ी
हराभरा मैं रह जाता।

18. **सोच नई-पुरानी**

कह रहा समाज, लोग भी लिए सोच ये बदली
है बराबर बहु-बेटी दोनों, न इनमे है भेद कोई
पर झाँक आओ आँगन में दिखती सोच वही पुरानी
मन मे रख दोगले विचार कहते हैं सोच नई।
चलता है घर बेटी को न आए किचन का काम
पर कामकाजी बहु से भी करवाने हैं सारे काम।
बेटी सोए 8 बजे तक तो होगी थकी बहुत वो
पर संस्कारहीन कहना बहु भी वही करे तो
माने पति बेटी का तो लगता है बड़ा भला वो,
पर बहु की बात सुने बेटा तो सुनती बुरा भला वो।
मायके आ रहे बेटी तो माँ के मन भाता है
बहु का मायके जाना जरा भी नहीं सुहाता है।
बेटी कड़वा बोले तो चुप माँ सुनती है
बहु कुछ सुना दे कहाँ उसकी हस्ती है।
बेटी भी माँ के कड़वे शब्द दिल पर नहीं लेती
पर सास की बातें बहु के हृदय भी भेद देती।
माँ की डपट अनसुना करने वाली वो बेटी
बहु बन सास की बातों को बुरा हर बार मान लेती।
है हर घर का नहीं ये किस्सा पर अमूमन ये होता है
बहु और बेटी में फर्क ना होकर भी फर्क बहुत होता है।

19. **अंतिम यात्रा**

है नहीं रहा अब मोह जीवन से
ये क्षणभंगुर, पानी का ढेला,
अनुनय विनय ईश्वर से चिर निंद्रा की
आई विश्राम की बेला।
बरसो जीवन चक्र में घिरा रहा
जर जमीन, खेत खलिहान,
भजन उपासना की कर उपेक्षा
ढूंढता रहा झूठा सम्मान।
थक चूर हुआ मैं देख देख
सगे संबंधियों का बेमाना मेला।
अनुनय विनय ईश्वर से चिर निंद्रा की
आई विश्राम की बेला।
पुत्र बना भाई बहनों का
जिम्मेदारियां उठाई बन पति पिता,
पहन ताज अहंकार, अभिमान का
अब तक मैं रहा जीता।
असह्य है यह पीड़ा, तृष्णा
हो शेष अब जीवन का खेला।
अनुनय विनय ईश्वर से चिर निंद्रा की
आई विश्राम की बेला।

20. **असम**

छोर उत्तर पूर्वी पर एक छोटा सा राज्य
मध्यकालीन सदी में अहोम का था जहाँ साम्राज्य।
कामरूप से नामित था जो सदियों से
सन 1950 में पूर्णतः गठित हुआ वह राज्य।
बहती ब्रह्मपुत्र की जहाँ कल कल करती धारा,
भूमि जिसकी समतल नहीं, वो है असम हमारा।
कला-शिल्प उत्तम कोटि की रेशम, बेंत और बांस
डिब्रूगढ़ की चाय, मुखौटे, मुगा और कपास।
वन पशुओं से घिरा, जहां बहुसंख्यक नदियों का किनारा,
भूमि जिसकी समतल नहीं, वो है असम हमारा।
जिसने जन्मा अनगिनत सितारों को अपनी माटी से,
शोभित है जो भूमि खेल, संगीत, नृत्य, कला, संस्कृति से।
असम राइफल्स विख्यात हुआ बन पूर्वोत्तर का प्रहरी,
गृह जो देवी सती का है कामाख्या की नगरी।
काजीरंगा, मानस, नमेरी और माजुली का अलौकिक नजारा,
भूमि जिसकी समतल नहीं, वो है असम हमारा।
बोल असमिया बोले बोडो और बंगाली
बिहू के रंग में डूबे गाएं वो ओजापाली।
परिधानों में संस्कृति दर्शाता रेशमी मेखला चादर,
प्रकृति की गोद में बैठे इस राज्य का फिर क्यों हो रहा अनादर?
बाढ़ से पीड़ित धरती का कब हम बनेंगे सहारा,
भूमि जिसकी समतल नहीं, वो है असम हमारा।
लाखों हुए बेघर डूबे हजारो घर,
कितनी आबादी हुई प्रभावित

कभी देते क्या हम आकड़ों पर नज़र?
यहां नहीं मशाला ना खबरें ही चटकारे
इसीलिए ही शायद मीडिया की पड़ती नहीं नज़र।
सब रहे खुशहाल आबाद ये भी कर्तव्य हमारा,
भूमि जिसकी समतल नहीं वो है असम हमारा।
राष्ट्रीय शपथ भारत गणराज्य का पढ़ा सुना है सबने,
व्यर्थ अगर बन भारतवासी पालन किया नहीं हमने।
बाढ़ रोकना है असंभव यह जाने दुनिया सारी
पर मदद को आगे आना है सच्ची समझदारी।
मिलजुल कर पीड़ितों का बन जाएं हम भी सहारा,
भूमि जिसकी समतल नहीं वो है असम हमारा।
(Content- google different source)

21. **जिंदगी**

हर क्षण अलग - हर पल अलग,

रूप में अलग - रंग में अलग।

होती है प्रतीत मुझे अपनी जिंदगी

हर क्षण अलग - हर पल अलग।

कभी हँसती हुई हँसाती हुई

ग़म के साए में रोकर रुलाती हुई अतीत में गुम होकर

कभी खुद को बदलती हुई

आती है नज़र मुझे

हर पल अलग - हर क्षण अलग।

अपना हो कोई या पराया हो मेरा

सबसे रिश्ता नया बनाती हुई

ना रहती है उदास

ना होती है हताश

नई स्फूर्ति मुझमें जगाती हुई

सुनती है सबकुछ

समझती और समझाती हुई

होती है हंसी मौसम सी प्रतीत मुझे

हर पल अलग - हर क्षण अलग।

सफलता की सीढ़ी असफलता की राहों में,

ख्वाब नए बुनती हूँ, प्रति क्षण निगाहों में,

देती है प्रेरणा, धराती है धीरज।

नई इस दुनिया में नया सा प्रतीत होती है

मुझे मेरी जिंदगी।

हर पल अलग - हर क्षण अलग।

लिपटी हुई पट स्वेत में
लाशों के पीछे चलती हुई,
कर नम अपनी पलकें
सान्तवना कभी देती हुई,
फिर कभी उलझी किसी गुलाबी डोर में
थिरकते हुए बारातों के आगे
शांति में कभी शोर में।
लगती है अनोखी मुझे मेरी जिंदगी
हर पल अलग - हर क्षण अलग।
फूलों की खुशबू में महकती हुई
रात की चांदनी में चमकती हुई
सखियों सहेलियों के
संग की अठखेलियों में,
आँगन में झूले पर झूलती हुई
चौखट पर दे चुपके से दस्तक
चुपके से दूर कहीं जाती हुई।
लगती है प्यारी मुझे मेरी जिंदगी
हर पल अनोखी - हर क्षण अनदेखी।
हर पल अलग - हर क्षण अलग।